Seoul

lieben lernen

Der perfekte Reiseführer für einen unvergessli-
chen Aufenthalt in Seoul inkl. Insider-Tipps und
Packliste

Larissa Wollinger

✈ INHALT

Das erwartet Sie in diesem Buch

Sie planen eine Reise nach Seoul und wissen nicht so recht, was Sie in einem Land wie Südkorea erwarten wird? Um Ihren Aufenthalt zu verschönern, brauchen Sie Tipps und Tricks, die Ihre Reise zu einem unvergleichbaren Erlebnis machen werden und gleichzeitig Ihren Geldbeutel entlasten? Sie wollen auch die geheimen Ecken der Stadt kennenlernen, um einen tieferen Eindruck zu erleben? Sie wollen die Stadt über die normalen touristischen Attraktionen hinaus kennen und lieben lernen?

Südkorea wird auch in der westlichen Popkultur immer beliebter und damit ist gerade seine Hauptstadt Seoul eine Reise wert, um die Eindrücke, die sonst nur Bildschirme vermitteln, auch einmal hautnah zu erleben. Eine Reise um den halben Globus zu planen, kann anstrengend sein, vor allem, wenn Sie die lokale Sprache nicht sprechen und auch sonst noch wenig Erfahrung mit asiatischen Kulturen haben. Dass Sie trotzdem eine wundervolle Zeit haben können und die Planung ohne viel Stress überstehen können, wird Ihnen hier gezeigt! Von den besten Hotels bis hin zu interessanten Sehenswürdigkeiten und ansprechenden Restaurants werden Sie hier alles finden. In diesem Buch werden Sie viele nützliche Tipps finden, die Ihnen dabei helfen, Ihre Reise zu planen und Seoul kennenzulernen. Dabei wird vor allem darauf geachtet, Ihr Portemonnaie zu schonen und Ihre Zeit unvergesslich zu machen.

Warum Seoul eine Reise wert ist

EINE STADT MIT GESCHICHTE

Die ersten Niederlassungen am Han-Fluss – dort, wo heute Seoul liegt – begann schon etwa 4000 Jahre vor Christus. Zu dieser Zeit war die Stadt aber noch unter dem Namen Wiryeseong bekannt; im Südosten des heutigen Seouls findet man noch immer Stadtmauern, von denen gesagt wird, dass sie in diese Zeit zurückzuführen sind.

Als die drei Königreiche Baekje, Silla und Goguryeo um Vorherrschaft in Korea kämpften, hatte die Region um Seoul eine besondere strategische

Bedeutung – vom fünften bis zum elften Jahrhundert nach Christus gab es immer wieder Wechsel in der Herrschaft über dieses Gebiet, bis dann im elften Jahrhundert ein Sommerpalast von Goguryeo erbaut wurde. Seoul galt dadurch als „südliche Hauptstadt". Als Joseon Goguryeo ersetzte, wurde Seoul endgültig als Hauptstadt eingesetzt und blieb dies auch bis zum Fall der Dynastie. In Zeiten dieser Dynastie wurde die Stadt vollständig von einer Mauer umgeben, deren Tore immer dann geöffnet wurden, wenn eine Glocke erklang; Seoul wuchs nach Ende der Dynastie über die Grenzen der Mauern hinaus und bis auf wenige Tore in der Innenstadt sind auch keine Überreste mehr von den einstigen Grenzen zu finden.

Erst im späten 19. Jahrhundert wurde die durch die Mauern induzierte Isolation aber tatsächlich aufgelöst – nachdem die Mauern gefallen waren, begann eine notwendige Modernisierung. Durch europäische und amerikanische Einflüsse gelang es der Stadt, große und wichtige eigene Firmen aufzubauen, die durch internationale Kooperationen blühten. Seoul galt als eine der schönsten asiatischen Städte überhaupt.

Im Jahr 1910 wurde das damalige Wiryeseong an Japan angegliedert und in Kyongsong umbenannt, was dem japanischen „Keijo" entsprach. Unter japanischer Führung wurden auch die ehemaligen Mauern niedergerissen und die Tore zerstört, Straßen gepflastert und Gebäude nach westlichem Vorbild gebaut. Im zweiten Weltkrieg wurde die Stadt dann mit amerikanischer Hilfe befreit und erst 1945 in Seoul umbenannt – der Name, den wir heute kennen, ist also noch nicht einmal einhundert Jahre alt.

In Folge des Koreakrieges wurde die Führung der Stadt immer und immer wieder umkämpft, die Dichte zur Mauer am heutigen Nordkorea verstärkte diesen Effekt nur noch. Dadurch entstanden massive Schäden, die sogar dazu führten, dass Seoul zeitweise nach Busan – einer Hafenstadt im Süden Koreas – umgesiedelt wurde. Ab 1948 sah Nordkorea Seoul als seine anerkannte Hauptstadt vor, obwohl sie im südkoreanischen Gebiet lag. Das wurde erst 1972 geändert.

Nach Ende des Koreakriegs mussten mehrere Hunderttausend Gebäude neu errichtet werden, zudem waren über 1.5 Millionen Menschen nach Seoul geflohen, die dort jetzt Unterkunft suchten.

Umliegende Städte wurden im Zuge des Wiederaufbauens angegliedert, Modernisierung und Urbanisation folgten im gleichen Atemzug.

Heute machen die knapp 10 Millionen Einwohner ein Fünftel der Gesamtpopulation Südkoreas aus – zum Vergleich, in Berlin leben etwa 3.5 Millionen Menschen. Durch die weitreichende Geschichte sind in der Stadt sowohl Reliquien alter Zeiten – Reste von Mauern und Paläste, die mehrere tausend Jahre alt sind – zu finden, als auch modernste Gebäude und Technologien.

MODERNES AUFSTREBEN

Der Wiederaufbau liegt nun mehrere Jahrzehnte zurück und auch wirtschaftlich geht es Seoul nun schon seit längerer Zeit wieder gut. Dementsprechend probiert die Politik nun, sich um das Wohlbefinden ihrer Bürger zu sorgen. Seit mehreren Jahren wird der erhöhten Selbstmordrate aktiv entgegengewirkt, es entstehen Tendenzen zum sogenannten „Homeoffice", das Einwohner vom enormen Leistungsdruck, der in Korea vorherrscht, entlastet. Außerdem wird versucht, neue Immigranten zu gewinnen, denn obwohl Seoul als internationale Stadt gilt, sind etwa 98% der tatsächlichen Bewohner Koreaner.

Wenn es um moderne Technik geht, steht Südkorea und vor allem seine Hauptstadt Seoul ganz vorn im Rennen: Hier finden Sie nämlich die schnellste durchschnittliche Internetverbindung – also die Verbindung, die am Ende auch bei den Bewohnern ankommt und täglich von ihnen genutzt wird.

Aber auch sonst können Sie in Seoul den koreanischen Mainstream in vollen Zügen genießen: Seien es neue Make-Up Trends, die sonst nur Monate und Jahre verspätet bei uns ankommen, koreanische Serien oder die berühmten K-Dramas.

SPRACHE UND VERSTÄNDIGUNG IN KOREAS HAUPTSTADT

안녕하세요 (annyeonghaseyo) – ein ziemlich langes Wort, um ein einfaches „Hallo" auszudrücken. Gerade für uns kann Koreanisch sehr undurchsichtig wirken, weil wir an Buchstaben abseits des Lateinischen nicht gewöhnt sind. Noch dazu nutzt man in Korea nicht nur das eigene Schriftsystem, es wird auch häufig auf chinesische Zeichen (vor allem für Namen) zurückgegriffen.

In Seoul spricht man, wie im Rest des Landes auch, Koreanisch – die Sprache wird von Südkoreanern aber (im Gegensatz zu Nordkoreanern) „한국어" genannt, was – wörtlich übersetzt - „Hangeul" bedeuten würde. Der vorherrschende Dialekt, vergleichbar mit Hochdeutsch, ist der Gyeonggi Dialekt, der deshalb als offiziell gilt, weil er in Seoul und weiten Teilen seiner Umgebung gesprochen wird.

Andere Dialekte sind in Seouls Umgebung und vor allem in der Mainstream-Kultur nur wenig vertreten – Satoori, was in Regionen wie etwa Busan oder Daegu gesprochen wird, klingt fast schon witzig für Koreaner, die mit dem Gyeonggi Dialekt aufgewachsen sind. Für Menschen, die Koreanisch nur als Zweit- oder gar als Drittsprache erlernt haben, dürfte Satoori fast so gut wie unverständlich sein.

Koreanisch zu lernen klingt also nach einer sehr aufwendigen Prozedur für eine Reise, die vielleicht nicht länger als ein paar Wochen oder Monate andauert. Wer in Städten wie Seoul bleibt, muss sich darüber aber zum Glück keine Sorgen machen – nicht nur ist Englisch mittlerweile eine gängige

Sprache, die an vielen Schulen gelehrt wird (neben Japanisch und Chinesisch), auch in den meisten Restaurants wird Touristen, die nicht „typisch koreanisch" aussehen oder sich in anderen Sprachen unterhalten, automatisch eine Speisekarte gegeben, die anstelle von Hangul komplett auf Englisch ist.

Für deutschsprachige Touristen gilt also, dass Grundkenntnisse in Englisch erforderlich sind, um Ihre Reise so angenehm wie möglich zu machen und damit Sie auch Menschen vor Ort um Rat fragen können. Sie sollten sich aber trotzdem darauf einstellen, viel Scharade mit Koreanern zu spielen, denn obwohl Englisch mittlerweile an Schulen unterrichtet wird, sind es eher die jüngeren Generationen, die diese Sprache sprechen – bei etwas älteren Koreanern wird es dann schon schwieriger mit der englischen Sprache.

Koreaner sind aber in der Regel sehr freundlich und hilfsbereit, das heißt, auch wenn sie Sie nicht richtig verstehen und anhand Ihrer Pantomime nur erraten können, was Sie meinen, werden sie trotzdem versuchen, Ihnen so gut es geht zu helfen.

SÜDKOREAS HAUPTSTADT UND MUSIK

Mindestens ein Lied südkoreanischen Ursprungs sollten Sie bereits gehört haben, wenn Sie 2012 nicht zufällig vollständig auf Radio und Fernsehen verzichtet haben. Psy's Musikvideo zu „Gangnam Style" war zeitweise so populär, dass es zum meist geklickten Clip auf YouTube wurde. Während der Großteil des Textes nicht sonderlich viel Tiefe zeigt, spielt er in seinem Refrain auf Seouls Stadtteil „Gangnam" an, einem Ort, der als einer der reichsten und teuersten in ganz Korea gilt. Wenn Sie nach Marken wie Louis Vuitton, Chanel und Versace suchen, werden Sie hier sicher ganz schnell fündig.

Aber auch sonst ist Seoul ein Hauptsitz der koreanischen Musikindustrie. Viele Unterhaltungsagenturen, die die großen Stars koreanischen Pops von heute und morgen unter Vertrag haben, werden Sie hier finden – und obwohl Sie in der Gebäude nicht reinkommen werden, lohnt sich der Anblick von außen das eine oder andere Mal schon sehr.

Wenn Sie die Musik live erleben wollen, ist Seoul ebenfalls die perfekte Stadt für Sie; da so viele Künstler in der Stadt angesiedelt sind, gibt es auch entsprechend häufig Konzerte. Diese füllen sowohl verhältnismäßig kleinere Säle wie etwa die Seoul Arts Center IBK Chamber Hall bis hin zu Seouls Olympiastadion.

LARISSA WOLLINGER

Wann Sie Seoul besichtigen sollten

Das Klima in Südkorea ist vergleichbar mit dem, was wir in Mitteleuropa kennen – es gibt ebenfalls Frühling, Sommer, Herbst und Winter und in den Wintermonaten fällt sogar regelmäßig Schnee. Dafür können die Sommer unangenehm heiß werden (was sich für einen Besuch auf Inseln wie Jeju anbietet, aber für einen Großstadturlaub meist nicht geeignet ist).

Je nachdem, welches Wetter Ihnen lieber ist und wie Sie die Stadt und die Natur erleben wollen, sollten Sie also auch Ihre Reise planen.

FRÜHLING

In der Zeit von März bis Mai eignet sich ein Besuch in Seoul besonders gut. Das Wetter ist ideal und die Natur blüht voll auf; wenn Sie die Kirschblüten bestaunen wollen, sollten Sie darauf achten, in der ersten bzw. zweiten Aprilwoche in Seoul zu sein, die Kirschblüte erwartet Sie jährlich etwa am 09. bzw. 10. April – das genaue Datum ist jedoch wetterabhängig, deswegen sollten Sie sicherstellen, etwas früher an- und etwas später abzureisen. Wenn Sie trotz entsprechender Vorbereitung einfach kein Glück mit den Kirschblüten haben sollten, lohnt sich ein Tagesausflug nach Jinhae, wo Sie Koreas größtes Kirschblütenfest stattfindet.

SOMMER

Zwischen Juni und August sollten Sie Seoul möglichst nicht besuchen – es ist sehr warm, es ist sehr schwül, es regnet sehr viel und die Preise sind höher als in anderen Monaten, weil zu dieser Zeit viele koreanische Touristen in Seoul sind.

HERBST

Wenn Sie nicht gerade Kirschblüten sehen wollen, sind September, Oktober und November wahrscheinlich die perfekten Monate für Sie – das Wetter ist, ähnlich wie im Frühling, ideal und die herbstlichen Farben verwandeln viele Parks in wahre Augenweiden. Wenn Sie auf der Suche nach den schönsten Farben sind, ist Ende Oktober bzw. Anfang November am besten für Sie geeignet.

WINTER

Wenn Sie Ski fahren, snowboarden oder einfach nur Schnee genießen wollen, ist der Winter offensichtlich die perfekte Jahreszeit für Sie. In der Nähe von Seoul finden Sie zahlreiche Schneeresorts, die Sie problemlos erreichen können – aber Vorsicht! Winter in Seoul können unglaublich kalt sein; wenn Sie das nicht abschreckt, sollten Sie trotzdem darauf achten, viele warme Sachen einzupacken.

Tipps für die koreanische Währung

In Südkorea bezahlt man mit koreanischen Won (KRW). Dem sollten Sie sich bewusst sein, damit Sie im Voraus planen können, wo und wie Sie Ihr Geld tauschen. Im Vergleich zum Euro ist der Won relativ wenig wert; für einen Won bekommen Sie gerade einmal 0.0007€. Wenn Sie also einmal in Ihrem Leben Millionär sein wollen, dann reicht es 1000€ umzutauschen und Sie haben Ihre erste Million.

Geld schon im Voraus in Ihrer Heimat zu tauschen lohnt sich nur bedingt – es ist auf jeden Fall eine sichere Alternative, weil Sie schon vor Einreise in Korea Geld zur Verfügung haben und gar nicht erst in die Lage kommen können, verzweifelt nach einer Wechselstube zu suchen. Allerdings kann das Beantragen bei einer Bank sehr viel Zeit in Anspruch nehmen und wenn Sie Ihr Glück bei einer beliebigen Wechselstube versuchen, ist die Wahrscheinlichkeit, dass Sie dort tatsächlich KRW finden, verschwindend gering.

Eine andere Alternative wäre es also, das Geld erst in Korea zu tauschen. Die besten Kurse finden Sie in Myeongdong – hier finden Sie zahlreiche Wechselstuben, die alle miteinander in Konkurrenz stehen und damit den Kurs für Sie verbessern. Damit Sie überhaupt in Myeongdong ankommen, sollten Sie aber trotzdem schon etwa 50-100€ am Flughafen tauschen;

hier ist der Kurs zwar bis zu 50 Won pro Euro schlechter, aber Sie haben zumindest ein erstes Kapital, um zum Beispiel öffentliche Verkehrsmittel zu nutzen.

Eine weitere Möglichkeit wäre es, alle Zahlungen mit Ihrer EC-Karte zu tätigen. Der Kurs hierbei wäre in etwa vergleichbar mit dem am Flughafen, ob Ihre Karte aber an Automaten funktionieren wird oder nicht, sollten Sie im Voraus an Ihrem Bankinstitut klären.

Fortbewegung in Seoul

Seoul ist mehr als 600 Quadratkilometer groß; um all Ihre Wege zu Fuß zu bezwingen, ist das also viel zu riesig. Damit Sie trotzdem möglichst viel von der Stadt sehen und erleben können, folgen im Anschluss ein paar Möglichkeiten, mit denen Sie ganz sicher auch an Ihrem Wunschziel ankommen.

MIT DEM MIETWAGEN DURCH DIE INNENSTADT

Wenn Sie in Südkorea und damit auch in Seoul selber Auto fahren wollen, benötigen Sie (solang Sie Bürger der EU oder der Schweiz sind) einen internationalen Führerschein, der in Ihrem Heimatland ausgestellt wurde. Dieser gilt dann für ein Jahr – sollten Sie planen, länger zu bleiben, müssen Sie ihren nationalen Führerschein bei der zuständigen Behörde umtauschen. Aber Vorsicht: das gilt nur für PKW-Führerscheine, wer mit dem LKW beziehungsweise Motorrad fahren möchte, muss den jeweiligen Führerschein direkt in Korea erwerben.

Der in Korea gültige internationale Führerschein nennt sich International „Driving Permit", eine „International Driving Licence" wird nicht anerkannt.

Ein Auto zu mieten ist relativ einfach, vor allem, wenn Sie das im Voraus planen – bereits am Incheon Flughafen finden Sie Stellen bekannter Autovermieter wie etwa Lotte Rent-A-Car oder AJ Rent-a-Car. Aber auch an größeren Bahnhöfen und Busbahnhöfen können Sie Autovermietungen finden. Um ein Auto zu mieten, benötigen Sie einen gültigen Pass und den internationalen Führerschein (der Name auf beiden Dokumenten muss identisch sein, sonst wird der Führerschein nicht anerkannt), die Zahlung erfolgt meist per Kreditkarte. Wenn Sie also ein Auto mieten wollen, dürfen Sie **Führerschein**, **Pass** und **Kreditkarte** auf keinen Fall vergessen.

ÖFFENTLICHE VERKEHRSMITTEL

Dass Autofahren in vielbeschäftigten Städten wie Seoul sehr anstrengend werden kann, ist wahrscheinlich leicht vorstellbar. Aber auch sonst lohnen sich Mietwagen nicht, wenn Sie nur wenige Wochen in Südkorea sind und dafür extra einen internationalen Führerschein beantragen müssten.

Als bewährte Alternative bleiben da noch die öffentlichen Verkehrsmittel, die gerade in Seoul sehr attraktiv sind.

Die U-Bahn ist nicht nur einer der beliebtesten Transportwege, er ist auch sehr schnell und sehr günstig. Ungefähr 6 Millionen Menschen nutzen die Metro in Seoul – und das jeden Tag.

Die 9 U-Bahn-Linien sind durch ein Farbsystem leicht voneinander zu unterscheiden und das Verkehrsnetz dementsprechend mit ein bisschen Übung einfach zu nutzen. Zusätzlich zu den neun Linien innerhalb der Stadt gibt es drei weitere Züge, die zu anderen Teilen Koreas führen und zwei Linien, die Sie zum Flughafen bringen.

Innerhalb der Verkehrszeiten (ungefähr 05:30 Uhr bis 24:00 Uhr) kommen Sie so von einer Station in nur zwei bis drei Minuten zur nächsten.

Tickets für die U-Bahn bekommen Sie ganz einfach an der gewünschten Station; die Karte, die Sie dort bekommen, wird mit einem Pfand von 500 Won (etwa 40 Cent) belegt, den Sie wiederbekommen, wenn Sie sie an Ihrem Ziel wieder abgeben. Die Sprache der Automaten ist grundsätzlich Koreanisch, Sie können das aber vor dem Ticketkauf an einem gut sichtbaren Icon am unteren Bildschirmrand ändern – Ihnen stehen hier Koreanisch, Japanisch, Englisch und Chinesisch zur Auswahl.

Wenn Sie sich nicht für jede Fahrt ein Ticket holen wollen, können Sie sich auch ein T-Money Karte besorgen. Diese bekommen Sie in fast jedem Laden in der Innenstadt. Der Vorteil einer solchen Karte ist, dass Sie sie nicht jedes Mal wieder abgeben müssen und ganz einfach Guthaben aufladen können, das dann mit jeder Fahrt abgezogen wird (wichtig hierbei: das noch vorhandene Guthaben muss die Kosten der Fahrt, die Sie antreten möchten, decken). Guthaben können Sie entweder direkt in der U-Bahn-Station oder in Läden mit entsprechenden Automaten aufladen.

Die Kosten für eine Fahrt werden über die Länge der Strecke berechnet. Dabei gilt ein Grundpreis von 1150 Won (etwa 90 Cent) für Fahrten, die nicht länger als 10km sind. Zwischen 10 und 40km kosten alle weiteren 5km zusätzliche 100 Won (etwa 7 Cent), ab 40km sind es dann 100 Won je weitere 10km.

Für Fahrten zum Flughafen und zu Städten außerhalb Seouls werden nochmals jeweils individuelle Aufschläge erhoben.

VOM FLUGHAFEN IN DIE INNENSTADT UND ZURÜCK

Ein weit verbreiteter Fehler unter Touristen ist es, Seouls wahre Größe zu unterschätzen – auf Karten scheinen die Abstände zwischen einzelnen Stadtteilen gering, die Flughäfen sind fast nebenan. Seoul hat eine Fläche von über 600 Quadratkilometern – das ist fast sechsmal so groß wie Paris.

In der Realität sind die Flughäfen also etwas weiter weg; Sie sollten mindestens 40 Minuten einplanen, wenn Sie gemütlich vom Hotel zum Flughafen und vom Flughafen zum Hotel gelangen wollen, gerade dann, wenn Sie sich noch nicht sonderlich gut in der Stadt auskennen.

Um nach Ihrer Ankunft am Flughafen zu Ihrem Hotel zu kommen, würde ich Ihnen empfehlen, die U-Bahn zu nutzen und, wenn keine Station in der Nähe Ihres Hotels ist, in einen Bus umzusteigen. Das ist nicht nur eine sehr einfache und sichere Methode (die Züge fahren regelmäßig, wenn Sie also einen verpassen, können Sie ohne Probleme den nächsten nehmen. Auch die Ticketpreise für die U-Bahn werden per Strecke und nicht per Zeit berechnet, das heißt, es sollte keine Probleme geben, wenn Ihr Flug doch einmal zu spät landet). Das dürfte auch die billigste Methode sein, um in die Innenstadt zu gelangen.

Wenn Sie vollkommen darauf verzichten wollen, öffentliche Verkehrsmittel zu nutzen, können Sie auch direkt am Flughafen ein Auto mieten. Sollte auch diese Alternative nichts für Sie sein, gibt es in Seoul natürlich auch Taxis (hier sollten Sie mit entsprechend hohen Preisen rechnen, für 10 Kilometer sollten Sie mit fast 8€ rechnen). Manchmal haben Sie Glück und Sie finden direkt vor Ort günstige Angebote für Busfahrten in Reisebussen – die Preise können hier stark variieren und auch der Komfort Ihrer Busfahrt ist davon abhängig, ob Sie Glück mit dem Busfahrer haben oder nicht.

WELCHEN FLUGHAFEN SIE WÄHLEN SOLLTEN

Wenn Sie nach Seoul reisen, lässt es sich wohl kaum vermeiden, das Flugzeug zu nehmen – Berlin und Seoul trennen ganze 8122 Kilometer Luftlinie; mit dem Auto ist das nicht zu bewältigen und auch eine Reise mit dem Zug würde sehr anstrengend und unnötig kompliziert werden.

Seoul hat zwei Flughäfen, den „Gimpo International Airport" und den „Incheon International Airport". Obwohl beide sehr schön sind, empfehle ich Ihnen den Incheon International Airport – dieser wird in zahlreichen Quellen als bester Flughafen der Welt betitelt.

Es gibt viele Gründe, weshalb der Flughafen so beliebt ist und im Folgenden werden Sie nur ein paar davon zu lesen bekommen:

Geschwindigkeit: Eine Ankunft am Incheon Flughafen dauert etwa 12 Minuten (weltweit 45 Minuten), ein Abflug etwa 19 Minuten (weltweit 60 Minuten).

Die Mitarbeiter: In Korea sind die meisten Mitarbeiter sehr freundlich und hilfsbereit, aber vor allem am Flughafen scheinen sie noch glücklicher zu sein, Ihnen helfen zu können. Sie sind sehr zuvorkommend und sprechen in der Regel wirklich gut Englisch.

Gestaltung: Der Incheon Airport ist sehr modern, hell und offen, noch dazu gibt es ganze sieben Gärten innerhalb des Flughafens, die eine willkommene Abwechslung bieten.

Wunderbarer Service: Sie werden so gut wie alles finden, wonach Sie suchen. Im Flughafen gibt es nicht nur kostenloses W-LAN, es gibt auch Computer, medizinische Versorgung für kleinere und größere Probleme und Duschen, die Sie kostenlos nutzen können. Noch dazu gibt es eine Poststation und einen Laden, der Ihre Kleidung für Sie wäscht, trocknet und bügelt; es gibt einen Spielraum für Kinder, diverse Schönheitsangebote (Friseur, Make-Up, …) und mehrere Gebetsräume.

Shopping: Es gibt außerdem 90 „Duty Free"

Läden (also Läden, in denen Sie keine Steuern zahlen) – wenn Ihr Flug also mal Verspätung haben sollte, können Sie sehr viel Zeit damit verbringen, durch die zahlreichen Shops zu gehen und sich die vielen Angebote anzuschauen.

Golf: Nicht direkt im Flughafen (aber wirklich, wirklich dicht daneben) wird ein Golfkurs angeboten. Auch diesen können Sie besuchen, wenn Ihr Flug Verspätung hat oder Sie aus anderen Gründen viel Zeit am Incheon Airport haben, die Sie sich irgendwie vertreiben wollen.

Kino: Im Flughafen gibt es nicht nur ein sogar direkt zwei Kinos, in denen Sie lokale Filme oder Hollywood Blockbuster sehen können, um sich die Wartezeit zu versüßen.

Eisbahn: Ja, richtig gehört. Am Incheon Flughafen können Sie sogar Schlittschuh laufen gehen, wenn Sie Zeit und Lust dazu haben. Und Das alles innerhalb des Flughafengebäudes!

Museum: Es gibt ein Museum der koreanischen Kultur, falls Ihnen bei Ankunft oder kurz vor dem Abflug nochmal danach ist, mehr über koreanische Kultur kennenzulernen. Das Museum geht dabei über bloße Bilder mit ewig langen Beschreibungen hinaus – es gibt viele interessante und wichtige Exponate.

SPA und Sauna: Wenn Sie das alles immer noch nicht überzeugen konnte, dass der Incheon Airport Ihre erste Wahl sein sollte, wenn Sie nach Seoul fliegen, dann vielleicht der Fakt, dass es im Flughafen auch noch einen SPA und Sauna-Bereich gibt, an dem Sie in Ruhe entspannen können (wenn Sie mal weniger Zeit haben, tut es einer der zahlreichen Massagesessel am Flughafen ganz sicher auch).

Feiertage, Sitten und Bräuche

Wenn Sie in Seoul sind, sollten Sie sich mit einigen koreanischen Sitten vertraut machen, um Koreaner nicht zu verärgern und um Seoul von einer Perspektive zu erleben, die etwas tiefer geht, als das oberflächliche Bild, das die meisten Touristen nach ihrer Reise wieder mit nach Hause nehmen.

FEIERTAGE

In Korea gibt es, wie in den meisten anderen Ländern auch, gesetzliche Feiertage, an denen viele (aber gerade in Seoul nicht alle) Geschäfte geschlossen bleiben. Dazu gehören Tage wie der 25. Dezember - denn auch in Korea feiert man Weihnachten als ein christliches Fest zusammen mit der Familie, dekoriert das Haus und stellt vielleicht sogar einen Baum auf. Es gibt aber noch ganz andere Tage, die für die meisten Koreaner eine viel größere Bedeutung haben.

Neujahr: In Korea feiert man streng genommen zweimal Neujahr – einmal am 1. Januar und einmal vom 4. bis zum 6. Februar. Der erste Januar ist auch der Tag, an dem alle Koreaner altern; am 1. Januar werden alle Bürger ein Jahr älter, ihren Geburtstag können sie dann zwar immer noch im Laufe des Jahres feiern, aber älter werden sie dadurch nicht.

Man wird in Korea übrigens auch direkt bei der Geburt 1 Jahr alt. Das funktioniert aus der Überzeugung, dass die 9 bis 10 Monate

Schwangerschaft ja auch schon die Existenz eines Lebewesens mit sich führten und damit auf sein Alter addiert werden sollten. Wer also am 31. Dezember geboren wird, wird schon am nächsten Tag 2 Jahre alt.

Vom 4. bis zum 6. Februar feiert man „Seollal", das Neujahr nach dem Mondkalender, das für die meisten Koreaner wichtiger ist als der 1. Januar. Die meisten Geschäfte sind geschlossen, man steht früh auf und zieht seine beste Kleidung an, um seine Heimat zu besuchen und den älteren Familienmitgliedern den Neujahresgruß zu überbringen. Traditionell isst man zu diesem Anlass auch besondere Speisen wie zum Beispiel „Tteokguk", eine Suppe mit Reiskuchen, die viel Glück für das neue Jahr bringen soll. Außerdem spielt man zusammen mit seiner Familie häufig traditionelle Brettspiele.

Am 15.10. wird in Korea „Chuseok" gefeiert, dafür gibt es vom 14. Oktober bis zum 16. Oktober frei. Chuseok ist die koreanische Version des Erntedankfestes, wird dort als ein sehr wichtiger Feiertag behandelt. Genau wie Seollal handelt es sich hierbei nämlich um einen traditionellen Feiertag, den man ebenso mit der Familie verbringen sollte. Viele besuchen zu diesem Anlass auch die Gräber verstorbener Familienmitglieder.

SITTEN UND BRÄUCHE

In Korea wird viel Wert auf Höflichkeit gelegt, deswegen ist es wichtig, dass Ihnen einige Sitten schon im Voraus bekannt sind – trotzdem gilt, dass die meisten Koreaner Verständnis haben, wenn Sie nicht mit jeder Sitte und jedem Brauch bekannt sind, vor allem dann nicht, wenn sie erkennen, dass Sie ein Ausländer sind.

Allein in der koreanischen Sprache gibt es eine Vielzahl verschiedener Wortendungen, die die Höflichkeit der Aussage determinieren, noch dazu kommen verschiedene Anreden, die abhängig davon gewählt werden, wie vertraut Sie mit einer Person sind, in welchem Verhältnis Sie zueinander stehen und wer von Ihnen der

Ältere ist. Weil Sie in Seoul wahrscheinlich nicht auf Koreanisch kommunizieren werden, bleibt Ihnen der größte Teil davon zum Glück erspart – ein paar Regeln gibt es aber trotzdem, die Sie einhalten sollten.

In Korea ist es unüblich, sich einem Menschen vorzustellen, mit dem Sie eigentlich nichts zu tun haben und den Sie nach der Konversation wahrscheinlich nicht wiedersehen werden. Die meisten Menschen lernt man dadurch auch nur über Bekannte kennen – wenn man zum Beispiel einen gemeinsamen Freund hat, der Sie dann vorstellt.

Sie können natürlich trotzdem neue Leute kennenlernen und vielleicht sogar Kontakte knüpfen – hierbei sollten Sie beachten, dass es nicht selten vorkommt, dass man (auch in einem nicht-geschäftlichen Umfeld) Visitenkarten austauscht, auf denen Sie dann Namen, Telefonnummer, E-Mail-Adresse etc. finden. Es bietet sich also an, bereits fertige Visitenkarten mitzunehmen, nur für den Fall, dass Sie auf Leute treffen, mit denen Sie gerne in Kontakt bleiben würden.

Außerdem sollten Sie wissen, dass man sich in Korea nur unter guten Freunden bei dem Vornamen nennt – in der Regel nennen Sie Menschen aber bei Ihrem Familiennamen. Der hat in Korea eine so große Bedeutung, dass er – im Gegensatz zu unserer Schreibweise – immer als erstes genannt wird und geschrieben steht, erst danach folgt der Vorname.

Zur Begrüßung gibt man sich in der Regel nicht die Hand – das passiert nur unter Geschäftsleuten und auch hier nicht immer. Viel eher verbeugt man sich voreinander, meist mit den Händen an den Seiten (bei großen Rangunterschieden verbeugt sich auch manchmal nur die rangniedrigere Person).

Als weitere Regel gilt, dass Sie Dinge (Visitenkarten, Geschenke, ...) nur mit der rechten Hand annehmen, wollen Sie besondere Wertschätzung zeigen auch mal mit beiden Händen, aber niemals nur mit der linken Hand.

Beim Essen und Trinken gibt es auch einige Besonderheiten, die Sie auf jeden Fall beachten sollten. Die meisten Restaurants sind vollständig oder zu einem großen Teil westlich möbliert, es gibt also Tische, Stühle und Bänke wie wir es kennen. Trotzdem kann es passieren, dass Sie an einem traditionellen Platz landen – hier gibt es dann anstelle der Stühle Sitzkissen und der Tisch ist entsprechend niedriger. Sie Strecken Ihrem Gegenüber aber keines Falls die Füße in den Schoß, Sie überkreuzen Sie bei sich und lassen damit Ihre Extremitäten bei sich. Bevor Sie einen solchen Bereich überhaupt betreten, müssen Sie Ihre Schuhe ausziehen.

Beim Essen wird in der Regel nicht gesprochen – jeder soll Zeit haben, sich voll und ganz auf die Mahlzeit zu konzentrieren und nicht durch Gespräche abgelenkt werden. Das heißt aber nicht, dass Sie leise sein sollen; in Korea gilt, wie in vielen anderen asiatischen Ländern auch, dass Schmatzen und Schlürfen mehr als erwünscht ist. Das innere Wohlbefinden soll durch solche Geräusche nach außen getragen und damit gezeigt werden. Nach dem Essen sollte immer noch ein Anstandsrest in Ihrer Schüssel oder auf Ihrem Teller bleiben, damit der Gastgeber nicht denkt, er hätte zu wenig gekocht und er sich somit verletzt fühlt.

Koreaner prüfen gerne, wie trinkfest Sie sind – es gibt am Tisch nur ein Glas, das herum gereicht wird, der Vordermann schenkt einem ein und wer ablehnt, wird ziemlich sicher den Argwohn der anderen auf sich ziehen. Wichtig ist auch, dass Sie sich nicht selber einschenken, das gilt als gierig und wird somit eher ungern gesehen. Gedulden Sie sich lieber ein wenig, der Gastgeber wird ganz sicher für Ihr Wohlbefinden sorgen. Wenn Sie dem Alkoholkonsum entgehen wollen, können Sie einfach sagen, dass Sie Medikamente nehmen, dann ist Ihnen auch niemand böse, wenn sie dankend ablehnen.

Auf keinen Fall sollten Sie sich am Tisch die Nase zu putzen (auch dann nicht, wenn das Essen so scharf ist, dass sie ganz automatisch läuft). Sie sollten besser aufstehen und in ein Nebenzimmer gehen, aber auch hier leise sein, denn wenn man Sie bis zum Tisch hören kann, hätten Sie auch direkt sitzen bleiben können.

BRÄUCHE

In Korea war es lange Zeit üblich, dass viele Generationen einer Familie zusammen in einem Haus leben. Trotz hoher Kindersterblichkeit galt es als sehr erstrebenswert, eine große Familie zu haben, was dazu führte, dass die meisten Paare viele Kinder in die Welt setzten. Das änderte sich erst in den 60er bzw. 70er Jahren; heute ist es für die meisten Paare nicht einmal mehr selbstverständlich, zwei Kinder zu haben.

Zudem wurde es lange Zeit sehr ernst genommen, dass der Familienbesitz nach dem Tod an den erstgeborenen Sohn vererbt wurde. Das hat auch heute noch – trotz gesetzlicher Regelung für die Erbschaft von Töchtern bzw. Zweit-, Dritt- usw. Geborenen, dass junge Eltern sich eher einen Sohn als eine Tochter wünschen. Im

Gegensatz zu früher ist es aber heute nicht mehr üblich, im Haus seiner Eltern wohnen zu bleiben; Haushalte über drei oder vier Generationen findet man nur noch selten.

Namen: in Korea wird zuerst der Nach- und dann der Vorname genannt, so viel ist bekannt. Noch dazu ist es spannend zu wissen, dass der Familienname aus einer und der Vorname aus zwei Silben besteht; die Menge an Familiennamen ist dabei vergleichsweise begrenzt, was dazu führt, dass einige Namen sehr häufig auftreten. Den Namen „Kim" tragen mehr als zwanzig Prozent der Koreaner.

Sehenswürdigkeiten

Wenn Sie Seoul besuchen, wollen Sie sicher auch einige der berühmten Sehenswürdigkeiten von Nahem betrachten – aber vielleicht suchen Sie auch nach kleineren und versteckteren Orten, die Sie hier im Folgenden kennenlernen werden.

NAMSAN SEOUL TOWER

Wenn Sie sich für Seoul interessieren, haben Sie ganz sicher schon einmal vom Namsan Seoul Tower gehört – er ist bekannt für seine atemberaubende Aussicht über Seoul und dementsprechend beliebt.

Der Turm hat seinen Namen von dem Berg, auf dem er steht – dem Mt. Namsan. Wenn Sie also knapp bei Kasse sind und nicht unbedingt Geld für den Aussichtsturm ausgeben wollen (der Eintrittspreis liegt übrigens bei 10000KRW, also etwa 7,5€), reicht es auch schon, sich an den Fuß des Turmes zu stellen, denn durch seine Lage auf dem Berg haben Sie bereits hier eine wunderbare Aussicht.

Entscheiden Sie sich doch für den Eintritt zur Plattform, werden Sie mit einer wunderschönen Panoramaaussicht belohnt, die sich vor allem bei Nacht sehen lässt, denn zu dieser Zeit erleuchtet die Stadt in wundervollen Farben. Auf der Plattform gibt es mehrere Shops und Restaurants – und obwohl die Shops nicht immer so ganz günstig sind, können Sie vor allem im Restaurant durch Spezialangebote und Partnermenüs sehr viel Geld sparen und dann eine Mahlzeit bei unglaublicher Aussicht genießen.

Wenn Sie den Tower mit einem Partner besuchen, können Sie Ihre Liebe mit einem sogenannten „Love Lock" (Liebesschloss) besiegeln – ein beliebtes Liebesversprechen, Sie werden ganz sicher zahlreiche Schlösser am Geländer der Aussichtsplattform finden. Selbst wenn Sie sich erst spontan dazu entscheiden sollten, selbst so ein Schloss anbringen zu wollen, müssen Sie nicht verzweifelt danach suchen – der Shop ist darauf vorbereitet und Sie werden dort ganz sicher schnell ein passendes Schloss finden (wenn Ihnen die Idee schon im Voraus gefällt, kann es sich trotzdem lohnen, bereits in der Innenstadt nach einem Schloss zu schauen, denn dort wird es wesentlich günstiger zu kaufen sein).

Den Weg zum Namsan Seoul Tower hin

können Sie ganz individuell gestalten. Es gibt die Möglichkeit, mit dem Bus hoch zu fahren oder mit einer Seilbahn durch die Luft zu gleiten (hierbei sollten Sie aber möglichst keine Höhenangst haben); wenn Sie etwas für Ihre Gesundheit tun wollen, können Sie den Marsch aber auch zu Fuß antreten und dabei sogar an den alten Stadtmauern entlang wandern – wenn Sie sich für die Geschichte der Stadt interessieren, könnte das ein weiteres Highlight sein, für das Sie dann nicht einmal Geld bezahlen müssten.

BUKCHON HANOK VILLAGE

Hier finden Sie traditionelle koreanische Gebäude – der perfekte Ort, um die koreanische Kultur besser kennenzulernen, wunderschöne Fotos zu machen und in relativ entspannter Atmosphäre eine schöne Zeit zu verbringen.

Das Dorf ist auf einem Berg gelegen, aber trotzdem leicht mit der U-Bahn zu erreichen. Direkt in der Nähe befindet sich außerdem der Gyeongbok Palast, den Sie zu dieser Gelegenheit direkt ebenfalls besuchen können.

Wenn Sie einen solchen Ausflug planen, lohnt es sich, sich vorher einen Hanbok auszuleihen. Ein Hanbok gehört zu der traditionellen koreanischen Kleidung und sieht entsprechend festlich aus; für den Alltag ist das ganz sicher nichts, aber bei einem Besuch im Bukchon Hanok Village sowie allen Palästen in Seoul lohnt er sich trotzdem: Der Eintritt in die Paläste und zum Dorf ist nämlich kostenlos, wenn Sie im Hanbok kommen. Außerdem gibt Ihnen das ein ganz anderes Gefühl; Sie erleben die koreanische Kultur aus nächster Nähe und scheinen gar mit ihr zu verschmelzen. Ein Hanbok ist also eine sehr große Empfehlung!

OLYMPISCHER PARK

Seoul hat für jeden etwas zu bieten – auch für die Sportbegeisterten. Wenn Sie also nicht unbedingt in eine Schwimmhalle, ein Fitnessstudio oder eine sonstige Indoor Sporthalle wollen, bietet der Olympische Park genau das richtige für Sie.

Hier fanden die olympischen Sommerspiele 1988 statt – der Park ist also mittlerweile mehr als 30 Jahre alt (und immer noch wunderschön). Es gibt verschiedene Angebote, wie zum Beispiel eine riesige Gymnastikhalle, in die stolze 15000 Besucher passen, eine Schwimmhalle, ein Handballstadium, Tennisfelder, usw. Die verschiedenen Stadien, die Sie auf dem Gelände des Parks finden, werden auch heute noch für Sportwettkämpfe und Konzerte genutzt, im Park ist also fast immer etwas los.

Wenn Sie ihn besuchen, ist es nicht unwahrscheinlich, dass gerade ein Turnier stattfindet – ob es nun Fechten, Tennis oder Handball ist – bei dem Sie gerne zuschauen können. Alternativ können Sie auch die 340000 Bäume und Pflanzen bestaunen und einen ruhigen Spaziergang durch den Park machen. Der Eintritt ist frei (das gilt aber leider nicht für alle Events, die innerhalb der Stadien stattfinden. Hier müssen Sie sich dann individuell erkundigen oder im Notfall einfach vor Ort nachfragen – das Personal ist sehr nett und hilft Ihnen ganz sicher).

STARFIELD BIBLIOTHEK

Wenn Sie eine Auszeit vom Großstadtleben Seouls brauchen, ist die Starfield Bibliothek der perfekte Ort für Sie. Inmitten der COEX Mall befindet sich nämlich keine ganz gewöhnliche Bibliothek, wie Sie sie überall finden – hier gibt es riesige Regale, alle voll und voller mit Büchern und Zeitschriften. Und wenn ich riesig sage, meine ich auch riesig; die Regale sind bis zu 13 Meter hoch und bis oben voll mit Büchern, was es für die Bibliothek leicht macht, die größte Zeitschriftensammlung des Landes zu besitzen.

Sie können hier in Ruhe eine Auszeit

nehmen, finden nationale und internationale Bücher und sind umgeben von Menschen, die das Lesen genauso sehr schätzen wie Sie selbst. Und wenn Sie doch keine Lust haben, selbst ein Buch in die Hand zu nehmen, kann sich ein Besuch der Starfield Bibliothek trotzdem lohnen (und das nicht nur für den wahnsinnigen Eindruck, den die vielen Bücher hinterlassen): es gibt nämlich regelmäßig Events in der Bibliothek; es werden Veranstaltungen zu den verschiedensten Themen wie etwa Reisen, Gedichte oder Kunst geboten. Und sogar für unsere Kleinsten ist gesorgt: Es gibt sogar Unterhaltung für Kinder.

Außerdem finden jeden Sonntag Veranstaltungen statt, zu denen Dichter, Pianisten, Reiseexperten und Schriftsteller eingeladen werden und bei denen Sie sich zahlreiche Tipps und interessante Ratschläge holen können.

Das Beste kommt aber zum Schluss: Egal, ob Sie zum Zeitpunkt eines Events vorbeischauen oder nur so die vielen Bücher bestaunen, der

Eintritt ist immer kostenlos.

MYEONGDONG

In Myeongdong können Sie nicht nur Geld tauschen – wenn Sie schon einmal in diesem Stadtteil sind, lohnt es sich auch, noch etwas länger zu bleiben, vor allem dann, wenn Sie Lust auf Streetfood haben oder neue Kleidung, besseres Make-Up oder eine ganze Schönheitskur brauchen. In Myeongdong können Sie so gut wie alles kaufen; es gibt internationale Geschäfte wie H&M oder Zara, gleichzeitig gibt es aber viele lokale Geschäfte, in denen Sie koreanische Schönheitstrends entdecken und ausprobieren können.

Ab 16 Uhr stürmen dann Verkäufer mit ihren Ständen auf die Straßen und wollen ihr so genanntes Streetfood verkaufen – egal, wonach Sie sich sehnen, die Wahrscheinlichkeit ist ziemlich hoch, dass Sie es hier finden werden.

Und selbst wenn Sie gerade keinen Hunger haben und auch Shopping nichts ist, wonach Sie sich sehnen, können Sie Myeongdong einen Besuch abstatten; die Atmosphäre ist einzigartig; das Aufeinandertreffen so vieler Geschäfte und Imbissläden, so vieler Menschen und Kulturen werden Sie wahrscheinlich nicht so schnell irgendwo anders finden.

DIE K-STAR ROAD

Was in Hollywood der Walk Of Fame ist, ist in Seoul die K-Star Road. Naja, zumindest fast. Im Luxusviertel Gangnam finden Sie nämlich neben zahlreichen Geschäften bekannter Designer auch eine Straße, die (ähnlich wie der Walk Of Fame) koreanischen Sängern und Schauspielern gewidmet ist. Wenn Sie hier nach Sternen auf dem Boden suchen, werden Sie aber kaum fündig werden – der Widmung dienen hier nämlich niedliche Bären, die sogenannten Gangnamdols. Diese tragen symbolische Merkmale der Stars, die sie vertreten sollen und sehen dabei auch noch total niedlich aus!

Wenn Sie also in der Nähe sind, lohnt es sich

auf jeden Fall, die Straße entlang zu gehen und vielleicht sogar das ein oder andere Foto mit einem der Bären zu machen.

KARAOKE-BARS

Wenn Sie in Seoul sind, sollten Sie auf keinen Fall versuchen, um einen Besuch bei einer Karaoke-Bar herumzukommen. Die sind nämlich bei Koreanern sehr beliebt, dementsprechend ist die Atmosphäre in den meisten Bars unglaublich, sehr locker und mit dem Gefühl, einfach gemeinsam Spaß zu haben. Wenn Sie nun auch selbst das ein oder andere Lied trällern wollen, sollten Sie sich nicht nur mit den internationalen Charts begnügen – wenn Sie versuchen, zu einem nationalen Lied zu singen, wird der Abend für Sie und Ihre Mitmenschen ganz sicher viel lustiger!

LOTTE WORLD

Lotte World kann zu einem unglaublichen Erlebnis werden; über das Gebiet von mehr 128.246m² erstrecken sich mehrere Shopping Centers, der weltweit größte Indoor Themenpark, ein Freizeitpark mit dem Namen „Magic Island", eine künstliche Insel innerhalb eines Sees, ein Luxushotel, ein Volksmuseum, Sportmöglichkeiten und sogar Kinos – langweilig wird einem hier also ganz sicher nicht.

Wenn Sie wollen, können Sie im Lotte Zentrum sogar ein „echtes" K-Pop Konzert erleben – mit Hilfe von Hologrammen wird Ihnen dann nämlich suggeriert, Sie seien tatsächlich bei einem Konzert.

Im Juli 1989 wurde Lotte World eröffnet – mittlerweile hat es mehr als 7.3 Millionen Besucher jährlich und gehört damit zu einer der beliebtesten Attraktionen in Seoul. So etwas wie freie Tage gibt es hier nicht: es hat ganzjährig offen; die Öffnungszeiten liegen täglich zwischen 9 und 23 Uhr.

Lotte World ist so beliebt, dass es sogar der Schauplatz für Filme wie „Stairway To Heaven" oder H.O.T.'s Musikvideo zu „Candy" war.

Vor allem der Freizeitpark lohnt sich und ist eine willkommene Abwechslung zum Großstadtleben in Seoul; er bietet viel Adrenalin und Spaß und das alles inmitten von Seoul. Aber auch sonst hat Lotte World für jeden etwas zu bieten; man findet auf dem Gelände eine ganz neue Welt und das mitten in einer Großstadt. Das kann sehr faszinierend sein und sich vor allem dann lohnen, wenn Sie länger in Seoul bleiben und einen Tag lang etwas völlig Neues erleben wollen. Mit Kindern macht das gleich noch mehr Spaß: der Freizeitpark wird gerne mal als „Disneyland auf koreanisch" bezeichnet und bietet entsprechend viele Angebote für jüngere Gäste.

Sie sollten allerdings bedenken, dass die Wartezeiten vor einigen Attraktionen (vor allem zu Stoßzeiten und im Sommer, der Touristensaison schlechthin) sehr lang sein können.

Wenn möglich, sollten Sie also einen Besuch eher dann einplanen, wenn Sie im Winter, Frühling oder Herbst in Seoul sind und vor allem darauf achten, Wochenenden zu vermeiden, weil dann auch Koreaner, die unter der Woche arbeiten, gerne mal eine Auszeit in der Lotte World nehmen.

Zudem finden Sie innerhalb der Lotte World einen weiteren Aussichtsturm, auf dem Sie einen wunderschönen Blick auf Seoul haben, während Sie noch immer mittendrin sind.

Mit etwa 55.000KRW (ungefähr 43€) gehört Lotte World zu den eher teureren Attraktionen – den Eintrittspreis bezahlen Sie einmal und kommen dann den ganzen Tag lang in alle Gebäude, trotzdem fallen zusätzliche Kosten für Shopping, Restaurantbesuche etc. an. Vor allem Shopping sollten Sie hier vermeiden, wenn Sie Ihren Geldbeutel nicht noch weiter strapazieren wollen: Lotte World wird nachgesagt, unberechtigt teure Preise auf Produkte, die in den Shopping Malls verkauft werden, zu erheben.

BANPO-BRÜCKE

Es gibt insgesamt 27 Brücken, die über den Han-Fluss führen, aber die Banpo-Brücke ist eine der eindrucksvollsten. Die Banpo-Brücke ist eine Doppeldecker-Brücke – das heißt, sie besteht aus zwei Teilen, einem oberen und einem unteren. Die untere Hälfte wird Jamsu-Brücke genannt, was deshalb interessant ist, weil „Jamsu" (oder 잠수교) so viel wie versunken bedeutet – und das stimmt tatsächlich. In der Monsun-Zeit können Sie ziemlich sicher darauf wetten, dass die Jamsu-Brücke vollständig unter der Wasseroberfläche verschwindet und nur doch der obere Teil übrigbleibt.

Die Brücke verbindet Seocho im Süden und Yongsan im Norden und liegt insgesamt ziemlich zentral innerhalb Seouls. Wenn Sie die Brücke tatsächlich besuchen sollten, empfehle ich Ihnen die südliche Seite. Hier gibt es Grünflächen zum Picknicken und Bänke zum Sitzen. Außerdem können Sie an Wochenenden wärmerer Monate den Bamdokkaebi Nachtmarkt besuchen.

Die Banpo-Brücke sollten Sie sich unbedingt bei Nacht anschauen – es gibt hier nämlich eine wunderschöne Fontänen- und Lichtershow, die jede Nacht auf beiden Seiten der Brücke stattfindet und damit eine stolze Länge von je 570 Metern abdeckt. Das macht Sie auch zur längsten Brückenfontäne der Welt.

Während der Show ziehen 380 Pumpen Wasser aus dem Han-Fluss und sprühen es anschließend in Form von Fontänen zurück; jede Minute werden somit 60 Tonnen Wasser verbraucht, die einen Bogen von bis zu 43 Metern spannen, bevor sie 20 Meter zurück in den Fluss fallen.

Die Fontänen-Show gibt es sowohl tagsüber als auch in der nachts, nachdem die Sonne untergegangen ist. Dann ist sie definitiv schöner anzusehen, denn das wird Wasser zusätzlich von etwa 200 LEDs in den buntesten Farben beleuchtet.

Die Show findet zwischen April und Oktober

täglich zu unterschiedlichen Zeiten (je nach Saison) statt, in der Regel läuft sie aber täglich vier- bis sechsmal ab. Eine Vorführung dauert etwa 20 Minuten.

THEMEN-CAFÉS

Cafés gibt es in Seoul denkbar viele; wenn Sie nun aber trotzdem etwas Spannendes Erleben wollen und nicht nur einen Kaffee in Südkoreas Hauptstadt trinken wollen, sind Themen-Cafés die Empfehlung schlechthin. Es gibt nicht nur Cafés, in denen Ihnen der Schaum Ihres Getränks mit einem Bild Ihrer Wahl bedruckt wird, nein, es gibt auch solche, in denen Sie zwischen einem Haufen Vierbeinern gemütlich sitzen können und gleichzeitig mit den Tieren spielen und schmusen können. Auch hier gibt es viele Variationen – die „normaleren" Varianten mit Hunden oder Katzen, die dann auch entsprechend Dog bzw. Cat Café heißen, oder etwas speziellere Versionen, zum Beispiel mit Schafen.

Themen-Cafés gibt es aber auch ohne echte

Tiere: in der Nähe von Hongdae finden Sie ein Café, das völlig im Hello-Kitty-Stil eingerichtet wurde! In eine ganz ähnliche Richtung geht ein Café in Mapo-gu, welches sich vollständig dem Kindheitshelden „Lego" widmet. Während Sie hier also Kaffee trinken und Schokolade in Legosteinform essen, können Sie außerdem Ihrer Kreativität freien Lauf lassen und nebenbei bauen was das Zeug hält. Steine müssen Sie dafür nicht von zu Hause mitbringen, denn es gibt im Café selbst zahlreiche Sets zu kaufen und wenn Sie dafür kein Geld ausgeben wollen, können Sie sich genauso gut ein paar Steine für dreißig Minuten leihen, die Sie dann am Ende Ihres Besuches wieder abgeben.

Und sogar deutsche Wurzeln können Sie auf der Suche nach dem perfekten Café für Sie finden: In Itaewon gibt es ein Café, das den Namen „Blüte" trägt – und nein, das ist keine Übersetzung, das Café heißt wirklich Blüte. Der Name hält auch das, was er verspricht: Hier finden Sie viele schattige Bäume, Topfpflanzen und mehrere Hundert gelbe Rosen, die von der Decke hängen und die Szenerie damit perfekt machen.

Wo Sie die beste Unterkunft finden

Ein gutes Hotel in Seoul zu finden ist nicht so schwer, wie Sie sich das vielleicht vorstellen – es gibt sehr viele Hotels, die auf nationale und internationale Touristen spezialisiert sind und Ihnen entsprechend einen wunderbaren Service anbieten.

Schwieriger wird es dann, wenn Sie versuchen, gute Hotels zum kleinen Preis zu finden; gerade, wenn Sie in Luxus-Gegenden wie

Gangnam hausen wollen, kann das zu einer echten Herausforderung werden. Dementsprechend finden Sie hier einige Empfehlungen, sowohl für echt außergewöhnliche und gute Hotels als auch für solche, die Ihren Geldbeutel schonen und trotzdem einen guten Service und eine schöne Unterkunft bieten.

FOUR SEASONS HOTEL SEOUL

Dieses Hotel bietet die perfekte Grundlage für einen wunderschönen Aufenthalt. Überraschenderweise ist es in Gwanghwamun gelegen, einem Stadtteil, der weniger mit Touristen und viel eher mit Geschäftsleuten assoziiert wird. Das hat aber auch zum Vorteil, dass die Straßen verhältnismäßig ruhig sind und Sie am Abend die Ruhe genießen können.

Das Hotel bietet auch Zugang zu Weltklasse Restaurants und Bars, aber das Highlight dürfte immer noch Charles H. Sein – eine Cocktail Lounge, die versteckt hinter einer ungekennzeichneten Tür liegt und Cocktail-Trends der

Stadt begründet und auslebt.

Obwohl das Four Seasons Hotel in einem Geschäftsviertel liegt, ist es nah dran an vielen Touristenattraktionen. Für ein etwas kleineres Budget ist das Hotel aber nicht geeignet – es gehört eher in die Kategorie Luxus, ist aber definitiv eine Empfehlung wert, wenn Sie sich mal eine Auszeit nehmen wollen, ohne dabei auf das Geld zu achten.

RYSE HOTEL

Wenn Sie sich für das Leben der koreanischen Studenten und deren Art, sich auszudrücken, ist das RYSE Hotel die perfekte Anlaufstelle für Sie. Hier finden Sie überall vibrierende Farben, die verschiedensten Möglichkeiten, wenn es um die Wahl Ihrer Speisen geht (es gibt sogar ein Thai-Restaurant) und eine Kunstausstellung innerhalb des Hotels. Außerdem können Sie, um den Hip-Hop-Lebensstil vollkommen zu fühlen, in der Streetwear Boutique einkaufen oder die Bibliothek besuchen.

Die Anlehnung an das studentische Leben folgt wahrscheinlich aus der Lage des Hotels – Sie finden es in Hongdae, einem Viertel, das nicht nur auf jeden Fall einen Besuch wert ist, sondern auch den Standort der Hongik Universität bildet.

Auch das RYSE Hotel gehört eher zu der höheren Preisklasse, prahlt aber weniger mit Luxus und setzt einen großen Fokus auf Kunst und Koreas Hip-Hop-Szene. Wenn Sie also kunstbegeistert sind, sollten Sie auf jeden Fall in Erwägung ziehen, hier zu nächtigen!

PARK HYATT SEOUL

Das Park Hyatt liegt inmitten von Gangnam – wenn Sie also auch in der Nacht in der Mitte des Geschehens und des Stadtlebens bleiben wollen, sollten Sie in Erwägung ziehen, hier zu nächtigen. Im Gegensatz zu den vorherigen Hotels punktet dieses hier weniger mit grandiosem Essen aus aller Welt und viel mehr mit den riesigen Fenstern, die in jedem Zimmer vom Boden bis zur Decke gehen. Dazu kommen gemütliche Eichenmöbel und Badezimmer, die einem SPA gleichen.

Trotzdem hat auch dieses Hotel seine kulinarischen Empfehlungen: Wenn Sie hier nächtigen, sollten Sie auf jeden Fall „Bingsu" probieren – das ist ein beliebtes koreanisches Dessert, das aus geformter Eiscreme besteht, die mit süßer Deko geschmückt wird.

Genau wie die Hotels davor ist Park Hyatt ein eher teureres Hotel, das sich nur dann empfiehlt, wenn Sie nicht planen, möglichst viel Geld zu sparen. Durch seine wunderbare Lage und die schöne Aussicht, die Sie von Ihrem Zimmer aus haben werden, lohnt es sich aber trotzdem, dieses Hotel in Betracht zu ziehen.

STAY HOTEL

Das Stay Hotel finden Sie ebenfalls in Gangnam – es gehört zu den günstigeren Unterkünften in dieser Gegend, obwohl der Preis immer noch an die Eleganz und das Gefühl des ganz Exklusiven, das in Gangnam vorherrscht, angepasst ist.

Wenn Sie nicht darauf verzichten wollen, in einer der schönsten Gegenden Seouls zu nächtigen und trotzdem Ihren Geldbeutel schonen wollen, ist das wahrscheinlich die perfekte Option für Sie. Das Stay Hotel steht anderen Unterkünften in der Nähe weder in Design oder Service, noch an Anbindung an öffentliche Verkehrsmittel nach.

LEE KANG GA GASTHAUS

Das Lee Kang GA Gasthaus finden Sie in Mapo-Gu, etwa 15 Minuten zu Fuß von der Hongik University Station und damit auch vom lebendigeren Teil Hongdaes entfernt. Es handelt sich dabei um eine wunderschöne Unterkunft, die den traditionellen koreanischen Stil mit moderner Eleganz verbindet und dadurch eine mehr als geeignete Ruhestätte nach anstrengenden Tagen im Herzen der Stadt darstellt.

In jedem Zimmer gibt es eine ausgestattete Küche, die Sie nutzen können, wann auch immer Sie wollen, außerdem gibt es an manchen Zimmern einen Balkon. Zum Entspannen kann auch der geräumige Garten auf dem Dach des Gebäudes dienen, der für Besucher des Gasthauses frei zugänglich ist.

Wenn Sie planen das Bukchon Hanok Village zu besuchen, haben Sie hier auch perfekte Voraussetzungen: Das Gasthaus bietet nämlich auch einen Hanbok-Verleih.

Ein weiterer Pluspunkt für das Lee Kang Ga Gasthaus ist das Frühstück, das zwar erst mal die einzige Mahlzeit ist, die Sie vor Ort einnehmen können, aber dafür nicht nur wirklich gut schmeckt, sondern auch jeden Tag etwas Neues bietet. In vielen Hotels in Seoul ist das nämlich gar nicht üblich.

TMARK HOTEL

Das Tmark Hotel ist wahrscheinlich nicht die luxuriöseste Wahl, aber es ist vergleichsweise günstig und trotzdem eine schöne Unterkunft, die mit dem Preis nicht an der Qualität spart. Sie finden das Hotel im Herzen von Myeongdongs Einkaufsmeile, haben also rund um die Uhr Läden in der Nähe, in denen Sie sich Dinge kaufen können, die Sie spontan brauchen, am Nachmittag können Sie sich an den Street-Food-Ständen satt essen und wenn Sie planen, erst in Seoul Geld zu tauschen, können Sie das direkt in der Nähe Ihres Hotels machen, ohne vorher mit der U-Bahn fahren zu müssen und Myeongdong erst noch zu suchen.

Obwohl das Hotel nicht unbedingt „Luxus!" schreit, ist das Personal sehr nett und zuvorkommend, der Service ist gut, die Lage nahezu perfekt und die Räume sind sehr groß und gemütlich. Hier finden Sie eine Dachterrasse mit einem guten Ausblick über Myeongdong und Seoul. Noch dazu ist das Frühstücksbuffet sehr gut und sehr lecker, muss aber extra gebucht und damit auch extra bezahlt werden.

Essen in Seoul

Wenn Sie in Seoul sind, müssen Sie unbedingt die nationale Küche ausprobieren! Koreanisches Essen ist wirklich lecker, sehr vielfältig und bietet für so gut wie jeden etwas. Wenn Sie also schon in Seoul sind, sollten Sie auch versuchen, so viel auszuprobieren wie möglich, denn Sie werden ganz sicher nie wieder eine bessere Gelegenheit bekommen. Was Sie auf jeden Fall beachten sollten: In Korea gibt man kein Trinkgeld, das ist unhöflich.

Wenn Sie spontan auf der Suche nach einem Restaurant sind und keine Zeit dazu haben, nach einer der empfohlenen Locations zu suchen, gibt es zwei Tipps, die Sie auf jeden Fall beherzigen sollten, wenn Sie leckeres Essen haben wollen:

1. Wenn der Banner oder das Schild des Restaurants sehr simpel, einfarbig und schlicht wirkt, ist das in der Regel ein gutes Zeichen. Das Restaurant muss nicht mit leuchtenden Farben und vibrierender Schrift auf sich aufmerksam machen; das gute Essen spricht in der Regel für sich und ein guter Ruf kann in einer Stadt wie Seoul sehr viel bedeuten. Sollten Sie also auf ein solches Restaurant stoßen, können Sie sich fast sicher sein, dass das angebotene Essen gut sein wird.

2. Die Speisekarte: In der Regel sucht man viel Abwechslung und eine große Vielfalt an Gerichten auf einer Speisekarte, aber Sie sollten auf jeden Fall auch mal Restaurants

ausprobieren, die nur eine einzige Speise anbieten – denn wer das macht, muss sehr viel Mut und Vertrauen in seine Künste stecken; außerdem ist das in der Regel ein Indikator dafür, dass das Essen frisch ist und der Koch Ahnung von dem hat, was er tut; er hat sich ja schließlich auf nur eine Speise spezialisiert.

WEONJODUBUCHON

Weonjodubuchon ist die wohl beste Empfehlung, die ich Ihnen geben kann – das Restaurant sieht wunderschön aus; ist im traditionell koreanischen Stil erbaut und eingerichtet und verbreitet dementsprechend eine sehr ruhige und traditionelle Atmosphäre – perfekt, wenn Sie Korea und seine Speisen kennenlernen wollen.

Das Restaurant ist ein absoluter Insidertipp, weil es nicht nur äußerlich sehr ansprechend ist, sondern auch gutes Essen und wirklich niedrige Preise hat. Wenn Sie hier vorbeischauen, sollten Sie auf jeden Fall eine der Suppen probieren, die sind nämlich, trotz großer Auswahl auf der Speisekarte, immer noch am besten. Sie werden außerdem immer mit Reis serviert, der in kleinen Töpfen aus heißem Stein und mit einem hölzernen Deckel gebracht wird. Das sieht sehr schön aus und gibt Ihnen direkt noch einmal das Gefühl, in Koreas Vergangenheit gereist zu sein.

Wenn Sie sich trotz allem gegen eine Suppe entscheiden sollten, gibt es hier viele weitere Angebote – zum Beispiel koreanisches BBQ, eine weitere Speise, die Sie auf jeden Fall gegessen haben sollten, bevor Sie Seoul wieder verlassen (koreanisches BBQ ist vor allem bei Koreanern sehr beliebt, Sie sollten sich die Chance also nicht entgehen lassen, selber mal zu probieren!).

Beilagen sind in der koreanischen Küche sehr üblich, sie werden oft auf separaten Tellern gereicht und dann zusammen mit der Hauptspeise gegessen. Wenn Sie in einer Gruppe essen, ist es nicht selten, dass Sie sich die Beilagen mit Ihren Bekannten teilen. In Weonjodubuchon sind die Beilagen nicht nur lecker, sondern auch sehr frisch; also ein weiteres Argument dafür, dass Sie unbedingt mal dort essen gehen sollten!

ILDEUNG SHIKDANG

Dieses Restaurant ist mittlerweile mehr als 30 Jahre alt und unter Koreanern sehr beliebt, für Touristen bleibt es eher ein Geheimtipp. Ildeung Shikdang ist sehr schlicht und verkauft nur eine einzige Speise, und zwar Bbyeo Haejang Guk – eine sogenannte „Kater-Suppe", die hier mit Schweinefleisch serviert wird. Das Essen ist wirklich gut und mit 6000KRW auch wirklich günstig, trotz all der Simplizität überzeugt das Restaurant mit seiner Speise und dem Komfort, das es bietet.

GOGUNG

Gogung ist, genau wie Weonjodubuchon ein sehr traditionelles Restaurant, das zwar nicht ganz so günstig ist, dafür aber einen noch tieferen Einblick in die Kultur gewährt.

Wenn Sie hier speisen wollen, sollten Sie auf jeden Fall Bibimbap (ein Reisgericht, das in einer Schüssel zusammen mit variierenden anderen Komponenten serviert wird) ausprobieren, denn obwohl die Speisekarte noch mehr Auswahl darbietet, ist das diejenige Mahlzeit, auf die das Restaurant spezialisiert ist (und die hier am besten schmeckt). Bibimbap gibt es in verschiedenen Variationen, mit Rindfleisch, Oktopus oder Kimchi – hier bleibt Ihnen die Wahl überlassen, denn davon ist wohl alles lecker.

Ein Highlight des Restaurants ist aber nicht nur die gute Speisekarte; es ist sehr traditionell eingerichtet und die Kellner sind ausschließlich im Hanbok gekleidet, es gibt sogar jeden Abend live Aufführungen koreanischer Musik, die Sie bei Gelegenheit auf jeden Fall besuchen sollten.

„Gogung" bedeutet übrigens soviel wie „alter Palast" und wenn Sie das Restaurant erst einmal betreten haben, werden Sie auch genau verstehen, warum der Name so unglaublich passend gewählt ist.

Lebensretter in Seoul

Wenn Sie in Seoul sind, gibt es einige Tipps und Tricks, die Sie auf jeden Fall beachten sollten – dazu zählen nicht nur die Sitten, die Sie in einem der vorherigen Abschnitte fanden, sondern auch Kleinigkeiten, die Ihren Alltag sehr viel einfacher machen können (und Ihnen dabei sogar manchmal helfen, Geld zu sparen).

APPS

Es gibt Apps, die Sie sich auf jeden Fall herunterladen sollten, bevor Sie in Seoul ankommen. Die können Ihnen nämlich an vielen Stellen eine nützliche Hilfe sein oder auch einfach nur das Gefühl geben, wirklich ein Teil der koreanischen Gesellschaft zu sein.

Subway: Die U-Bahn in Seoul bietet neben den Zügen auch eine kostenfreie App an, die Ihnen dabei hilft, sich zwischen den 600 Stationen zurecht zu finden – Sie zeigt Ihnen die beste Route, bietet Abfahrtzeiten für alle Linien und gibt an, wie lange Sie etwa für die geplante Strecke brauchen. Eine echt große Hilfe, wenn Sie nicht verloren gehen wollen!

Kakao Talk: Was bei uns WhatsApp ist, ist in Korea Kakao Talk. Jeder benutzt es, es ist kostenlos und hat ganz ähnliche Funktionen wie WhatsApp. Noch dazu hat die App eigene Maskottchen, die wirklich niedlich sind und denen Sie in Seoul ganz sicher das ein oder andere Mal über den Weg laufen werden, denn hier sind sie echte Berühmtheiten!

Naver: Wenn Sie in Seoul sind, bietet es sich an, Naver zu nutzen; die App funktioniert ähnlich wie Google, ist also auch eine Suchmaschine, die angezeigten Inhalte sind aber alle von den Nutzern selbst erstellt. Das heißt also, das Sie hier viele Blogger finden, die Ihre Erfahrungen teilen (leider kann es schwierig werden, Informationen zu finden, die nicht auf Koreanisch sind – für kleinere Suchen ist die App aber trotzdem geeignet, wenn Sie zum Beispiel nach '맛집' (Top Restaurant) suchen, werden Sie sicher viele tolle Ergebnisse finden – die Namen der vorgeschlagenen Restaurants können Sie dann einfach über Kakao Maps oder Naver Maps suchen, um Adressen zu finden und eine Route vorgeschlagen zu bekommen). Sie sollten außerdem vorsichtig sein, bevor Sie Google in Korea benutzen – die Regierung blockt viele Inhalte und Internetseiten, Google gehört ebenfalls dazu. Wenn Sie also überhaupt auf die Suchmaschine zugreifen können, ist die

Wahrscheinlichkeit ziemlich hoch, dass die dargebotenen Informationen alt und überholt sind. Das gilt vor allem für Google Maps.

KANN ICH DAS HABEN, BITTE?

Es kann – gerade in traditionelleren Restaurants und Gegenden – vorkommen, dass Sie auf Personen treffen, die kein Englisch sprechen. Sollte es dazu kommen, müssen Sie auf keinen Fall verzweifeln, sollten aber auch die Finger von online Übersetzern lassen, egal wie verlockend es scheint. Es reicht aus, sich folgende Wörter einzuprägen:

Juseyo: Wörtlich übersetzt bedeutet Juseyo nur „bitte", hat aber – vor allem im richtigen Kontext – eine viel praktischere Bedeutung. Wenn Sie zum Beispiel in einem Restaurant auf eine Speise im Menü zeigen und dazu noch „Juseyo" sagen, drücken Sie damit so etwas wie „geben Sie mir das, bitte" aus – und mehr muss ein Kellner auch gar nicht wissen. Noch dazu gilt, dass die meisten Koreaner nicht damit rechnen, dass Ausländer Koreanisch sprechen; im Notfall würde es also wahrscheinlich auch reichen, wenn Sie einfach nur mit dem Finger auf die gewünschte Speise zeigen.

Gamsahamnida: Das ist die höfliche Art und Weise, „danke" auf Koreanisch auszudrücken. Sie sollten sich das merken, denn ein nettes „Danke" erfreut viele Menschen und kann ihnen somit den Tag verschönern.

BRAUCHEN SIE EINE SIM-KARTE?

Es ist wahrscheinlich empfehlenswert, sich für Ihre Reise eine koreanische SIM-Karte zu besorgen, denn es gibt zwar in Seoul an jeder Ecke WLAN aus Cafés, Restaurants und anderen Einrichtungen, die Internetqualität ist hier aber nicht immer zuverlässig. Es bietet sich also an, schon im Voraus eine koreanische SIM-Karte zu beantragen – kümmern Sie sich rechtzeitig darum!

DIE SACHE MIT DEN STÄBCHEN

In Korea wird fast alles mit Stäbchen gegessen – Sie sollten also schon zu Hause trainieren, damit Sie in Seoul nicht verhungern müssen.

Wie Sie Stäbchen richtig halten, ist relativ leicht herauszufinden; wenn Sie in Europa asiatisch essen gehen, können Sie sich Stäbchen in einer kleinen Papierverpackung geben lassen. Auf dieser finden Sie meist auch eine Anleitung, wie Sie die Stäbchen halten sollten. Wenn das nicht der Fall ist, können Sie auch einfach auf YouTube nach Videos suchen, in denen Ihnen das erklärt wird.

In Korea ist das Schwierigkeitslevel aber noch ein bisschen höher: während hier hauptsächlich Essstäbchen aus Holz verbreitet sind, werden dort meist welche aus Metall genutzt, die flacher und weiter sind und damit ein bisschen gewöhnungsbedürftig sind. Wenn Sie das mit den Stäbchen gar nicht hinbekommen, können Sie aber zumindest noch Reis essen: der wird nämlich mit dem Löffel eingenommen.

DAS TÄGLICHE BUDGET

Für einen Tag in Seoul sollten Sie so etwa 50€ einplanen (ohne Unterkunft und Flug), wenn Sie ein paar Attraktionen erleben und dafür Geld ausgeben wollen. Wenn Sie vorhaben nur für Essen Geld auszugeben, können auch 20€ pro Person reichen (wenn Sie günstige Restaurants finden), wenn Sie viel Geld für Shopping dort lassen wollen, sollten Sie das auch entsprechend einplanen.

DIE REISE IST DAS, WAS SIE AUS IHR MACHEN

Abschließend sollten Sie sich daran erinnern, dass die Reise, die Ihnen bevorsteht, noch lange nicht determiniert ist; auch vor Ort können Sie noch einmal Pläne ändern, neue Perspektiven gewinnen und vielleicht etwas ganz Neues machen. Es können auch Dinge schief gehen, Sie sollten sich davon aber keineswegs die Laune verderben lassen. Seoul ist eine wirklich schöne

Stadt, die Sie besser nicht mit anderen vergleichen – genießen Sie Ihre Zeit in Korea und machen Sie genau das, worauf Sie Lust haben, denn dann wird die Reise am aller besten werden!

Packliste

Geld & Finanzen

O (evtl.) Auslandswährung
O Bargeld
O Bauchtasche
O Brustbeutel
O Bauchtasche
O EC-Karte
O Kreditkarte
O Notfall-Telefonnummern der Banken
O Portmonee

Hygiene

O Haarbürste / Kamm
O Deo (klein)
O Shampoo
O Kulturtasche
O Sonnencreme
O Taschentücher

O Reise-Zahnbürste und Zahnpasta
O Verhütungsmittel

Kleidung

O Badeklamotten
O Gürtel
O Hosen kurz / lang
O Mütze / Cap / Hut
O Pullover
O Regenjacke
O Schlafanzug
O Socken
O Sonnenbrille
O Sportklamotten / Jogginghose
O T-Shirts
O Unterwäsche

Medikamente

O Blasenpflaster
O Anti-Durchfalltabletten
O Erste-Hilfe-Set

O Fiebertabletten

O Fiebertabletten

O Mückenschutz

O sonstige Medikamente

O Pflaster

O Kopfschmerztabletten

Unterlagen & Papiere

O ADAC Unterlagen

O Adresslisten für Postkarten

O Krankversicherungsnachweis

O Stadtplan

O Führerschein

O Unterlagen für die Unterkunft

O Wasserdichte Hülle für Reiseunterlagen

O Impfausweis

O Mietwagenunterlagen

O Personalausweis

O Reisepass

O Reisetagebuch

O evtl. Studentenausweis

O evtl. Visum
O Zug- / Bahn- / Flugticket

Taschen & Rucksäcke

O Koffer / Trolley / Reisetasche
O Regenhülle für Rucksack
O Rucksack

Schuhe

O Badeschlappen / Hausschuhe
O Schuhe und Wechselschuhe

Sonstiges

O Brille / Kontaktlinsen und Etui
O Buch zum Lesen
O Ohrenstöpsel und Schlafmaske
O Regenschirm
O Reisedecke
O Wasserflasche
O Wörterbuch

Elektronik

O Digitalkamera
O Handy
O Ladekabel
O Kopfhörer
O evtl. Steckdosenadapter
O Power-Bank

Herstellung und Verlag:
BoD – Books on Demand, Norderstedt
ISBN: 9783750469648

1. Auflage
Kontakt: Psiana eCom UG/ Berumer Str. 44/ 26844 Jemgum
Covergestaltung: Fenna Larsson
Coverfoto: depositphotos.com